# ORDONNANCE DU ROY,

*Concernant le Commandement & le Service des Places.*

Du premier Aouſt 1733.

## DE PAR LE ROY.

S A MAJESTE' eſtant informée des differens uſages introduits dans ſes Places de guerre, tant ſur le commandement, que ſur le ſervice; & jugeant neceſſaire d'eſtablir ſur cette matiere une regle fixe & uniforme, afin que les Officiers de ſes Troupes en eſtant inſtruits, ſçachent en quelque Place qu'ils ſe trouvent, quels ſont les devoirs qu'ils doivent y remplir : Sa Majeſté, après avoir fait raſſembler toutes les diſpoſitions repanduës dans les anciennes Ordonnances, ſur les differens détails relatifs au commandement & au ſervice des Places, & après avoir pris l'avis de pluſieurs Officiers generaux de ſes Troupes, & des

A

Commandans de Places, les plus experimentez, a ordonné & ordonne ce qui ſuit.

## ARTICLE PREMIER.

TOUS Chefs & Officiers des Troupes de Sa Majeſté, de quelque grade & caractere qu'ils puiſſent eſtre, & ceux eſtant ſous leur charge, comme auſſi les Officiers d'Artillerie, les Ingenieurs, & generalement tous autres Officiers militaires, reconnoiſtront les Gouverneurs des Places où ils ſe trouve-veront, ſoit en route ou en garniſon, & en leur abſence, ceux qui y commanderont par ordre ou commiſſion expreſſe de Sa Majeſté, & leur obéïront ſans difficulté, en tout ce qui concernera ſon ſervice.

## II.

EN l'abſence deſdits Gouverneurs & Commandans, ils obéïront aux Lieutenans pour Sa Majeſté, & en leur abſence aux Majors deſdites Places.

## III.

LORSQUE les Gouverneurs, Lieutenans de Roy, & Majors des Places ſeront abſens, & qu'il ne ſe trouvera point d'Officier pourvû d'un ordre de Sa Majeſté pour y commander, l'Officier en pied des Troupes Françoiſes de la garniſon, ſoit de Gendarmerie, Cavalerie, Dragons ou Infanterie, qui aura le grade ſuperieur ſur les autres Officiers de la même garniſon, aura le commandement de la Place : Et à grade égal, le commandement appartiendra à l'Officier d'Infanterie qui ſera du plus ancien Regiment François, ſoit Colonel, Lieutenant-Colonel, ou Capitaine ; & ce par preference à tous les Officiers des Regimens de nations eſtrangeres, quand même ils auroient le grade ſuperieur aux Officiers François, & ce juſqu'à ce qu'il en ſoit autrement ordonné par Sa Majeſté, ou par les Generaux de ſes Armées.

## IV.

L'OFFICIER des Troupes de la garniſon d'une Place, qui y commandera en l'abſence des Gouverneur, Commandant, Lieutenant de Roy, & Major, ne pourra rien

changer au service, ni à l'ordre qu'ils auront establi pour la garde & sûreté de ladite Place.

## V.

LES Aydes-Majors desdites Places, y commanderont par preference à tous Lieutenans & Enseignes; se reservant Sa Majesté de faire expedier ses ordres à ceux qui auront eû le grade de Capitaine dans ses Troupes, pour commander en l'absence des Majors.

## V I.

LESDITS Gouverneurs, Commandans & Lieutenans de Roy, pourront, quand ils le jugeront à propos, donner leurs ordres, ou les faire donner de leur part par le Major de la Place, pour faire prendre les armes aux Troupes de la garnison, ou les faire monter à cheval, les faire mettre en bataille, & commander des hommes détachez des differens Corps & Compagnies, sans que lesdits Commandans ou Majors, soient obligez de rendre raison du commandement aux Officiers desdites Troupes.

## V I I.

NE pourront néantmoins les Gouverneurs ou Commandans des Citadelles, Forts ou Chasteaux, quand même ils commanderoient aussi dans les Villes & Places ausquelles lesdites Citadelles, Forts ou Chasteaux sont attachez, en tirer la garnison, ou partie d'icelle, sans un ordre exprès de Sa Majesté, hors le seul cas d'une necessité urgente pour la sûreté & conservation desdites Villes & Places; auquel cas permet aux Gouverneurs & Commandans desdites Citadelles, Forts & Chasteaux, de faire ou laisser sortir le tiers de leur garnison, sur les ordres ou requisitions qu'ils en recevront des Generaux d'Armée, Gouverneurs & Lieutenans generaux des Provinces, ou des Gouverneurs & Commandans desdites Places.

## V I I I.

ET desirant Sa Majesté pourvoir de plus en plus à la sûreté desdites Citadelles, Chasteaux & Forts, Elle veut & entend, que le tiers de ceux des Officiers qui y seront en garnifon, & qui ne feront pas de garde, y refte toûjours; & que pour s'accommoder fur cela entre eux, ils fe trouvent un jour de la femaine chez le Commandant de la Place, & même tous les jours, s'il le juge à propos, & qu'en fa prefence il foit fait un eftat de ceux qui devront y demeurer chaque jour, quoyqu'ils ne foient pas de garde, lequel eftat reftera en fes mains : Voulant Sa Majefté, que s'ils contreviennent à ce dont ils feront ainfi convenus, ils foient mis en prifon pour quinze jours la premiere fois; & en cas de recidive, qu'ils demeurent en prifon jufqu'à nouvel ordre de Sa Majefté.

## I X.

LES Gouverneurs ou Commandans, tant des Villes que des Citadelles, Forts & Chafteaux, pourront y faire arrefter prifonniers les Officiers de la garnifon qui feront tombez en grieve faute ; Voulant néantmoins Sa Majefté, qu'ils ayent à luy en donner avis dans les vingt-quatre heures de la detention, pour recevoir fes ordres : A l'égard de ceux qui feront mis en prifon pour dettes, libertinage ou autres deffauts de conduite, Sa Majefté s'en remet aux Commandans de fes Places, & à ceux des corps dont ils feront, de les y laiffer le temps qu'ils jugeront neceffaire pour leur correction.

## X.

A l'exception des Officiers qui tiendront garnifon dans les Citadelles, Forts & Chafteaux, & qui, fuivant l'Article precedent, pourront y eftre retenus en prifon, aucun Officier d'une garnifon eftrangere, ou autre particulier quel qu'il foit, ne pourra y eftre reçû & détenu prifonnier, fans un ordre exprès de Sa Majefté, ou des Gouverneurs & Lieutenans generaux commandant actuellement fur les frontieres; lefquels ne donneront lefdits ordres que dans des cas urgens, dont ils informeront fur le champ Sa Majefté, qui adreffera ceux qu'Elle jugera à propos, aux Gouverneurs ou Commandans defdites Citadelles, Forts & Chafteaux.

## X I.

AUCUN Gouverneur ou Commandant de Place, Citadelle,

Fort

*Du 1er Aoû 1733.*

5

Fort & Chasteau, ne pourra s'en absenter pour plus de
quatre jours, sans un congé signé de Sa Majesté, & contre-
signé par le Secretaire d'Estat de la guerre, hors le cas cy-
après expliqué dans l'Article XVI. sans cependant qu'ils puissent s'en absenter, même pour un jour, dans quelque cas
que ce puisse estre, si le Lieutenant de Roy, ou le Major en
son absence, n'y est actuellement present, & en estat d'y
commander.

## X I I.

LES autres Officiers de l'Estat-Major ne pourront pareillement s'absenter pour plus de quatre jours, sans un congé
de Sa Majesté; ni même pour ledit temps de quatre jours,
sans la permission desdits Gouverneurs ou Commandans.

## X I I I.

NUL Officier ne pourra coucher hors la Place où il sera
en garnison, ni même en sortir, sans permission expresse desdits Gouverneurs ou Commandans, qui ne pourront la donner pour plus de quinze jours, ni a plus d'un Capitaine &
un Lieutenant, par Bataillon, à la fois, ou par Regiment de
Cavalerie & Dragons.

## X I V.

A l'égard des Ingenieurs, Officiers d'Artillerie, & Com-
missaires des guerres, dont les fonctions s'estendent hors de
la Place de leur residence ordinaire ; lorsqu'ils demanderont
au Gouverneur ou Commandant, permission de s'absenter,
elle leur sera accordée sans fixer le temps de leur absence,
& sans qu'ils soient tenus d'en expliquer les motifs.

## X V.

LES Chefs ou Commandans de Troupes, ne pourront
permettre aux Gendarmes, Cavaliers, Dragons ou Soldats,
estant sous leurs ordres, de découcher de la Place où ils
tiendront garnison, sans au préalable en avoir informé les
Gouverneurs ou Commandans desdites Places, ausquels Sa
Majesté deffend de donner lesdites permissions sans une necessité absoluë ; à peine aux uns & aux autres, de repondre du
préjudice que le service de Sa Majesté pourroit en recevoir.

B

## X V I.

LES Gouverneurs des Places, ou ceux aufquels Sa Majefté aura fait expedier fes ordres pour y commander, pourront en temps de guerre, en fortir avec tels détachemens qu'ils jugeront à propos pour le fervice de Sa Majefté, pourvû que ces détachemens n'excedent pas la moitié de l'Infanterie de leur garnifon : & en ce cas, ils conferveront fur lefdits détachemens, la même authorité que s'ils eftoient dans lefdites Places.

## X V I I.

MAIS lorfqu'il y aura des Officiers generaux, employez fur les frontieres pour commander les détachemens des garnifons, lefdits Gouverneurs ou Commandans ne pourront fortir de leurs Places, ni en faire fortir lefdits détachemens, fans la permiffion de ceux qui commanderont en chef fur les frontieres.

## X V I I I.

AUCUNES Troupes, foit de Gendarmerie, Cavalerie, Dragons ou Infanterie, en garnifon dans les Places, ne s'affembleront, ne prendront les armes, ni ne monteront à cheval, fans permiffion des Gouverneurs ou Commandans.

## X I X.

LES Infpecteurs & Commiffaires des guerres ne pourront faire leurs revûës dans les Places de leurs départemens, avant d'en avoir demandé la permiffion aux Gouverneurs ou Commandans defdites Places, qui ne pourront la leur refufer fans des raifons dont ils informeront fur le champ Sa Majefté.

## X X.

LE jour qu'un Regiment de Cavalerie, Dragons ou Infanterie, arrivera dans une Place pour y tenir garnifon, le Major, l'Ayde-Major, ou autre Officier chargé du détail, partira à l'avance pour venir prendre les ordres du Gouverneur ou Commandant, & les porter enfuite au Commandant du Regiment, lorfqu'il fera arrivé à portée de la Place.

## X X I.

LES Troupes arrivées près de la Place, fe mettront en

7

bataille près du glacis, pour attendre les Cavaliers, Dragons ou Soldats qui feront reftez derriere : lorfque le logement aura efté reglé & les billets expediez, le Major ou l'Ayde-Major de la Place, viendra fe mettre à leur tefte, & les conduira fur la Place d'armes, où elles fe mettront en bataille pour defiler vers leurs quartiers, en prefence du Commandant de la Place & du Commiffaire des guerres, afin qu'ils puiffent examiner la force des Compagnies.

### X X I I.

LES Regimens d'Infanterie defileront par Compagnie, les Officiers eftant à la tefte avec le hauffe-col & l'efponton, & les Tambours battront la marche ; celle des Grenadiers marchera la premiere, la Colonelle enfuite, & les autres chacune fuivant le rang que leurs Capitaines tiendront dans le Bataillon.

### X X I I I.

LES Troupes de Gendarmerie, Cavalerie & Dragons, defileront auffi par Compagnie, par quatre ou fix Cavaliers de front, fuivant la largeur des ruës, dans le même ordre que fi elles paffoient en revûë.

### X X I V.

LES Troupes de paffage obferveront les mêmes regles ; à l'exception que les Officiers d'Infanterie feront à cheval à la tefte de leurs Compagnies, & que lefdites Troupes ne feront point conduites fur la Place par le Major.

### X X V.

LORS de la premiere revûë de la nouvelle garnifon, s'il fe trouve des Compagnies beaucoup plus fortes qu'elles n'eftoient lorfqu'elles ont defilé fur la Place à leur arrivée, le Commandant & le Commiffaire des guerres en donneront avis au Secretaire d'Eftat de la guerre, afin que fur le compte qu'il en rendra à Sa Majefté, Elle puiffe juger de l'application des Capitaines.

### X X V I.

LE Major de chaque Corps de Gendarmerie, Cavalerie, Dragons ou Infanterie, à fon arrivée, donnera au Major de la Place un Controlle exact de la force de toutes les Compagnies dont il fera compofé; dans lequel Controlle, le nom & le grade de chaque Officier feront fpecifiez.

## X X V I I.

LA garde fera faite jour & nuit dans les Places de guerre, elle fera battuë en hiver à midy, & fe montera à trois heures; En efté elle fe battra à une heure après midy, & fe montera à quatre heures précifes.

## X X V I I I.

LES Officiers d'Infanterie monteront en perfonne la garde que chacun devra faire, & ce avec le hauffe-col & l'efponton; ils affifteront à l'ouverture & fermeture des portes, & feront obligez de demeurer au Corps-de-garde, d'y faire leurs repas, & d'y coucher, fans qu'ils puiffent s'en difpenfer que par maladie ou autre legitime empefchement, & avec permiffion du Commandant de la Place, à peine de defobéïffance.

## X X I X.

SERONT exempts de monter la garde les Lieutenans-Colonels, les Commandans de Bataillon, brevetez, les Capitaines qui en l'abfence des Officiers fuperieurs commanderont des Regimens, ou des Bataillons feparez des Regimens, & ceux qui en l'abfence des Officiers de l'Eftat-Major des Places s'y trouveront commandant; fans que cette exemption puiffe eftre pretenduë par les Capitaines qui commanderont par accident des Bataillons dont les Compagnies feront difperfées; l'intention de Sa Majefté eftant de ne l'accorder qu'à ceux qui commanderont par accident un ou plufieurs Bataillons, dont les Compagnies feront réünies dans une même garnifon.

## X X X.

LES Capitaines, Lieutenans, & autres Officiers neceffaires pour monter la garde chaque jour, feront tirez par le Major de la Place, de tous les Bataillons & Compagnies françoifes & eftrangeres qui en compoferont la garnifon, en commençant toûjours ce fervice par la tefte des Officiers de chaque

Bataillon,

9

Bataillon, & ce à proportion du nombre de Capitaines &
de Lieutenans qu'il y aura dans chaque Bataillon, actuellement prefens & en eftat de faire le fervice ; enforte qu'aucun Capitaine ne foit obligé de monter une feconde fois
la garde, qu'après que tous les Capitaines de la garnifon
l'auront montée une fois chacun ; le même ordre fera ob-
fervé pour les Lieutenans : Et à chaque changement de garnifon, le fervice commencera par les Officiers de la tefte
de chaque Bataillon, & ne fe fuivra pas d'une Place dans
une autre, ni ne pourra commencer par les Officiers de
la queuë du Bataillon.

## X X X I.

SA Majefté n'accordant de congez aux Officiers de fon
Infanterie, que pour vacquer à leurs affaires, & non pour
demeurer inutiles, Elle veut que ceux qui fe trouveront à
la garnifon pendant le temps de leurs congez, montent la
garde & faffent les fonctions de leurs charges, ainfi que les
autres Officiers.

## X X X I I.

LES Capitaines des Regimens des Gardes Françoifes &
Suiffes, feront difpenfez de monter la garde en perfonne ;
un Capitaine de chacun defdits Regimens fera néantmoins
tenu de fe trouver tous les jours à la parade, pour voir fi
les Efcoüades defdits Regimens feront complettes d'Officiers, Sergens & Caporaux ; & en outre, de prendre foin
de vifiter plufieurs fois, tant de jour que de nuit, les Corps-
de-garde où lefdites Efcoüades feront diftribuées, pour
recomnoiftre fi les Sergens & Soldats y font affidus, & font
le fervice avec l'exactitude qu'ils doivent.

## X X X I I I.

LES Officiers & Soldats des Compagnies de Grenadiers,
monteront la garde pendant la paix, & leurs Efcoüades
feront meflées avec celles des Compagnies ordinaires, à
moins que les Commandans des Places ne trouvent plus
à propos de les faire fervir feparément ; mais ils en feront
difpenfez en temps de guerre, hors le cas ou par foibleffe

C

de garnison, le Commandant sera obligé de la leur faire monter ; ils feront d'ailleurs tous les détachemens pour lesquels ils feront commandez, tant dedans que dehors les Places.

## XXXIV.

Les Officiers des plus anciens Regimens, ne pourront pretendre monter la garde les premiers, & preferablement à ceux des Corps moins anciens ; mais ils feront tenus de se conformer à l'ordre establi dans la Place, pour faire servir successivement tous les Officiers de la garnison.

## XXXV.

Aucune Escoüade ne pourra pretendre un poste fixe, sous pretexte de l'ancienneté du Corps dont elle auroit esté détachée, ou de ce qu'elle seroit commandée par un Officier qui auroit le commandement sur les autres ; Voulant Sa Majesté, que les Officiers & leurs Escoüades, tirent au billet, & fassent la garde aux lieux qui leur seront eschûs par le sort.

## XXXVI.

Les Officiers des Regimens des Gardes Françoises, & après eux ceux des Gardes Suisses, lorsqu'ils se trouveront avec leurs Compagnies en même garnison, pourront néantmoins choisir les postes que les Compagnies de chacun desdits Regimens auront à garder pendant qu'ils feront dans la Place, & ils tireront pour cet effet au sort chaque jour, pour sçavoir ausquels des postes affectez à chacun de ces deux Corps, les Officiers & Soldats devront monter la garde ; voulant Sa Majesté que lesdits postes de preference, leur soient départis par les Gouverneurs & Commandans des Places, en tel nombre qu'il conviendra, pour que les Bataillons desdits Regimens fassent un service égal & proportionné à celuy des autres Bataillons de la garnison.

## XXXVII.

Lorsque dans une Place il n'y aura pas de Compagnies du Regiment des Gardes Françoises, & qu'il s'en trouvera de celuy des Gardes Suisses, avec d'autres Troupes, les deux premieres Compagnies du plus ancien Corps des

*Du 1.º Avril 1733.*

11

Regimens françois de la garnison, prendront la droite sur
lefdites Compagnies des Gardes Suiffes ; Et après que les
Officiers des deux Compagnies françoifes auront choifi des
poftes, ceux des Compagnies des Gardes Suiffes en choifiront pareillement, pour leur demeurer fixes aux uns & aux
autres, tandis que leurs Compagnies feront dans la Place :
Voulant Sa Majefté que pour la garde defdits poftes choifis,
les Efcoüades des deux Compagnies françoifes qui devront
monter la garde, tirent entre elles au fort, pour fçavoir aufquels defdits poftes fixes elles devront la faire ; & qu'il en foit
ufé de même par les Efcoüades defdites Compagnies Suiffes.

## X X X V I I I.

Si dans la Place il ne fe trouvoit qu'une Compagnie du
plus ancien Corps François de ceux qui y feront en garnifon, la Compagnie du Corps d'après le plus ancien y fera
jointe pour faire Corps ; ces deux Compagnies prendront la
droite fur lefdites Compagnies Suiffes, choifiront les poftes
fixes, & les tireront entre elles en la maniere cy - deffus
prefcrite.

## X X X I X.

Lorsque les Compagnies des Gardes Suiffes ne feront
plus dans la Place, les Troupes qui refteront reprendront
pour la garde d'icelle, l'ordre prefcrit par les Reglemens pre-
cedens, fans qu'aucune defdites Troupes puiffe prétendre
des poftes fixes, les Gardes Suiffes n'y eftant plus.

## X L.

Les Efcoüades des Regimens François, fe trouvant
meflées dans les Gardes avec celles des Regimens eftrangers,
prendront la droite fur les Efcoüades eftrangeres ; mais fi
l'Officier qui commandera la Garde ainfi meflée, eft d'un
Regiment eftranger, & que le Tambour foit du même Corps,
il battra la marche de fon Regiment.

## X L I.

Les Capitaines rouleront, s'il eft neceffaire, avec les Officiers fubalternes, pour les gardes qu'ils auront à faire, de
maniere que les Capitaines relevent les Lieutenans & les

Enſeignes , leſquels releveront pareillement les Capitaines.

## X L I I.

LES Commandans des Places pourront, lorſqu'ils le juge-ront neceſſaire , faire monter la garde chaque jour par un tiers de leur garniſon ; mais hors le cas de neceſſité, & au-tant qu'ils croiront pouvoir le faire ſans intereſſer la ſûreté des Places, ils regleront les gardes de ſorte qu'il n'y ait qu'un quart de la garniſon , ou une cinquieme partie de chaque Bataillon, qui les monte : ſans que ſous quelque prétexte que ce ſoit , ils puiſſent faire monter un nombre de Soldats par Bataillon, moindre que ladite cinquieme partie, en la comp-tant ſur le pied complet du Bataillon. Ils obſerveront au ſurplus , de mettre en chaque poſte le nombre de Soldats ſuffiſant, pour que chaque factionnaire n'ait que quatre, cinq, ou tout au plus ſix heures de faction pendant les vingt-quatre heures de garde.

## X L I I I.

LE détachement que chaque Bataillon fournira pour la Garde, ſera diviſé par Eſcoüades dans ſon quartier ; & s'il n'y avoit pas de place propre à cet arrangement, ou que les Soldats fuſſent logez chez les Bourgeois , les Sergens, Caporaux, Anſpeſſades & Soldats commandez , ſe rendront au lieu ordonné pour le rendez-vous general des détachemens, où les Majors des Regimens les formeront en Eſcoüades.

## X L I V.

LES Eſcoüades ſeront compoſées, autant qu'il ſe pourra, de dix hommes, y compris un Caporal ou un Anſpeſſade ; leſ-quels pour former l'Eſcoüade qu'ils devront commander, commenceront par prendre les hommes fournis par la Com-pagnie à laquelle ils ſeront attachez ; & s'ils ne ſuffiſent pour la mettre audit nombre, les Soldats détachez des Compa-gnies qui n'auront fourni ni Caporal, ni Anſpeſſade, ſeront également repartis dans leſdites Eſcoüades, pour les rendre completes.

## X L V.

LORSQUE les Eſcoüades ſeront formées, chaque Caporal
fera

fera un controlle des Soldats dont son Escoüade sera com-
posée, où seront inscrits les noms desdits Soldats, & de
leurs Regimens & Compagnies ; & lorsqu'il sera arrivé au
Corps-de-garde pour lequel il sera destiné, il remettra ledit
controlle au Sergent de garde, afin de connoistre & faire
chastier ceux qui manqueront à leur devoir.

### XLVI.

Les Officiers qui devront monter la garde, se rendront au
lieu destiné pour tirer les gardes, à deux heures après midy,
pendant les six mois d'hiver, & à trois heures pendant les six
mois d'esté ; & les Sergens, Caporaux & Anspessades, à neuf
heures du matin en tout temps. A mesure que le Major de
la Place fera tirer les postes, il écrira sur le regiftre qu'il doit
tenir pour cet effet, les noms desdits Officiers, Sergens,
Caporaux & Anspessades, ausquels ils seront eschus ; & ils en
delivreront chaque jour un extrait signé d'eux, au Gouverneur ou Commandant de la Place, avant que les Escoüades
soient en marche pour se rendre ausdits postes.

### XLVII.

Dans les Places où il y aura plusieurs Regimens en garnison, lesdits Majors, en faisant tirer les Escoüades au sort
pour les postes, auront attention à ce qu'il n'y en ait pas
plusieurs d'un même Regiment dans un même poste.

### XLVIII.

Les Ayde-Majors des Places se trouveront au rendez-vous
des Escoüades, pour joindre ensemble celles qui seront des-
tinées pour un même poste, & pour indiquer aux Officiers
de garde, celuy où chacun d'eux devra commander.

### XLIX.

Les Majors & Ayde-Majors des Regimens, & les Officiers
de garde, seront tenus de visiter les armes des Soldats commandez pour la garde, pour voir si elles sont en bon estat,
& de tenir la main à ce qu'ils ayent leurs fusils chargez, &
leurs cartouches garnies de poudre & de balles, suffisam-
ment pour tirer encore trois coups : Le Soldat dont les
armes ne seront pas en estat, ou qui n'aura pas lesdites

D

quantitez de poudre & de balles, fera mis en prifon pendant un mois, durant lequel temps il luy fera retenu un fol par jour, pour eftre employé à luy en acheter : Enjoint Sa Majefté aux Majors & Ayde-Majors des Places, de veiller à ce que cet article foit ponctuellement executé, & d'informer les Gouverneurs ou Commandans, des contraventions ou negligences qu'ils pourront remarquer.

L.

LA Cavalerie & les Dragons monteront chaque jour la garde à cheval, dans les Places frontieres qui confinent au pays eftranger; dans celles qui ne font qu'en feconde ligne, la garde ne fe fera pas chaque jour, mais elle fera reglée de maniere que chaque Officier, Cavalier & Dragon, la monte regulierement deux fois par mois.

L I.

LES Commandans des Places feront faire, lorfqu'ils le jugeront à propos, le fervice à pied à la Cavalerie & aux Dragons, de la même maniere qu'à l'Infanterie; auquel cas les Officiers de ces Corps rouleront enfemble pour le fervice, & leurs Efcoüades feront meflées, lorfqu'il fera neceffaire, avec celles d'Infanterie dans les mêmes poftes; bien entendu que les Officiers de Cavalerie & de Dragons, feront armez d'un moufqueton lorfqu'ils ferviront à pied.

L I I.

LORSQU'IL ne fe trouvera dans une Place qu'un Regiment d'Infanterie eftrangere, avec un Regiment de Dragons qui y fera le fervice à pied, le Regiment eftranger prendra la droite fur le Regiment de Dragons; mais en l'abfence des Gouverneur, Lieutenant de Roy & Major de la Place, l'Officier de Dragons y commandera à l'exclufion de celuy du Regiment eftranger, quand même il feroit de grade inferieur, à moins qu'il n'en foit autrement ordonné par Sa Majefté, ou par le General d'armée.

L I I I.

LA Troupe de Cavalerie qui devra monter la garde à cheval, fe rendra fur la Place où on affemble les Efcoüades;

& quand le Major viendra prendre la garde d'Infanterie pour la mener ſur la place d'armes, elle marchera à la queuë, ſe mettra en bataille à la gauche de la garde d'Infanterie, & quand l'Infanterie aura defilé, elle defilera de même devant le Gouverneur ou Commandant, pour aller à ſon poſte.

### L I V.

L'ANCIENNE garde de Cavalerie ſe rendra à ſon poſte ſur la Place d'armes, une demi-heure avant que l'on monte la garde, & quand celle qui la devra relever ſe preſentera, elle luy cedera ſon poſte.

### L V.

LA nouvelle garde demeurera une demi-heure à cheval après la garde montée, après quoy elle defilera pour mettre ſes chevaux aux eſcuries du Corps-de-garde; & dans les places où il n'y a point de Corps-de-garde pour la Cavalerie, elle ſe rendra aux Cazernes, où tous les chevaux demeureront toûjours ſellez dans une même eſcurie, & les Cavaliers bottez; laiſſant ſeulement ſur la place une Vedette, & un Cavalier à pied au Corps-de-garde de l'Infanterie, pour recevoir les ordres du Major, & les porter à la garde de Cavalerie.

### L V I.

QUAND l'heure de ſe rendre ſur la Place d'armes approchera, le Major de la Place ſe rendra au lieu où les Eſcoüades ſe feront aſſemblées; il ordonnera au Tambour d'appeller; la garde ſe mettra en bataille, chaque Officier eſtant à ſon poſte; enſuite les Tambours battant aux champs, il la conduira en bon ordre ſur la Place d'armes, où le Gouverneur ou Commandant de la Place, & les Commandans & Majors des Corps, ſe trouveront pour la voir arriver.

### L V I I.

LA garde eſtant en bataille ſur la Place d'armes, le Commandant de la Place ira dans les rangs, pour examiner ſi les Soldats ſont de tout point en eſtat de la monter; il leur fera faire l'exercice & le maniement des armes, lorſqu'il le jugera à propos; & lorſqu'il aura ordonné de faire defiler les poſtes, ce ſera le Major de la Place qui leur dira ( marche ).

D ij

## LVIII.

LORSQUE les Efcoüades deftinées pour les differens poftes y arriveront, les Officiers & Sergens qui commanderont dans ces poftes, feront prendre les armes aux Soldats, les feront mettre en haye, cederont à la nouvelle garde le terrain du cofté du Corps-de-garde, pour s'y mettre pareillement en haye, & donneront la configne aüfdits Officiers ou Sergens qui les releveront : Les Sergens & Caporaux de la nouvelle garde, accompagnez de ceux de l'ancienne, qui auront fait la derniere pofe, iront enfuite relever les Sentinelles de l'ancienne, & leur faire donner à celles qui les releveront, la configne qu'elles auront reçûë : Ils vifiteront enfuite les Corps-de-garde, les Guerites & autres chofes confignées, pour voir fi elles font en bon eftat, ou s'il s'y eft commis des dégradations; auquel cas, fur le compte qui en fera rendu au Major de la Place, il en informera le Commandant, pour faire reparer lefdites dégradations aux dépens des Officiers, Sergens & Caporaux de la garde relevée : Après cette vifite, les Sergens & Caporaux de l'ancienne garde iront la rejoindre avec les Sentinelles relevées; & pour lors, battant la marche, ainfi que la nouvelle, elle defilera devant elle, formera fes rangs, & viendra fe mettre en bataille fur la place d'armes, pour y defcendre la garde.

## LIX.

DANS les grandes Villes où les poftes pourroient eftre trop éloignez de la place d'armes, pour y raffembler toutes les gardes, le Commandant défignera differens endroits où celles qui en feront à portée, defcendront la garde; efquels endroits, ainfi que fur la Place d'armes, il fe trouvera autant qu'il fera poffible, un Officier Major de la Place, pour vérifier fi le même nombre d'hommes qui aura monté la garde, fe trouve en la defcendant; s'il en manquoit quelqu'un, il aura foin de le faire mettre en prifon, & renverra les poftes à leurs quartiers, à mefure qu'ils arriveront, fans les affujettir à s'attendre les uns les autres.

LX.

17
## L X.

LORSQU'A la defcente de la garde, les Soldats rentreront dans leurs Cazernes ou quartiers, les Sergens auront foin de leur faire defcharger leurs armes avec le tire-bourre, tant pour conferver les munitions, que pour prévenir les defordres.

## L X I.

AUCUN Sergent, Caporal, Anfpeffade ou Soldat, ne pourra quitter le pofte où il fera de garde, foit pour aller prendre fes repas, ou pour quelque caufe ou fous quelque pretexte que ce puiffe eftre ; à peine aux Sergens, Caporaux & Anfpeffades, d'un mois de prifon ; aux Soldats, d'eftre mis au cachot pendant le même temps, & aux Officiers commandant dans les poftes, qui l'auront permis ou fouffert, d'eftre mis aux arrefts pendant quinze jours. Enjoint Sa Majefté aufdits Officiers, de faire faire d'heure en heure, l'appel de ceux qui feront fous leurs ordres ; & de donner au Major de la Place, après avoir defcendu la garde, un eftat de ceux qui fe trouveront avoir manqué aufdits appels, afin qu'ils foient punis ainfi que le Commandant avifera bon eftre : Ordonne Sa Majefté aux Officiers-Majors de la Place, de vifiter de temps en temps les Corps-de-garde, pour examiner s'il ne manque aucun de ceux dont ils doivent eftre compofez, & en rendre compte audit Commandant.

## L X I I.

TOUTES les Sentinelles feront relevées de deux en deux heures, aux temps marquez par les Majors defdites Places ; de forte qu'elles foient toutes relevées en même temps. Veut néantmoins Sa Majefté, que pendant les fortes gelées elles foient relevées d'heure en heure ; & que les Majors ayent attention d'avertir à l'ordre, des jours que le Gouverneur l'aura ainfi ordonné.

## L X I I I.

LES Sentinelles qui devront partir du Corps-de-garde, fe mettront en haye devant le Corps-de-garde, peu avant l'heure qu'elles en devront partir ; & elles y feront vifitées par l'Officier qui y commandera, lequel fortira pour cet

E

effet du Corps-de-garde, & n'y rentrera qu'après qu'il les aura vû se mettre en marche, sous la conduite du Caporal ou de l'Anspessade qui sera de pose.

## L X I V.

TOUTES les Sentinelles suivront ledit Caporal ou Anspessade de pose, sans prendre un plus court chemin pour aller l'attendre aux endroits où elles sçauront devoir estre posées; celles qui seront relevées, le suivront toutes de la même maniere: & lorsque ledit Caporal ou Anspessade arrivera au Corps-de-garde, avec toutes lesdites Sentinelles relevées, il n'y rentrera point que l'Officier commandant n'en soit sorti pour les y voir rentrer.

## L X V.

LORSQUE les Majors des Places feront leur ronde, ils vérifieront exactement si les Officiers, Sergens & Escoüades, seront dans les mêmes postes où ils auront dû se rendre; & en cas qu'ils y trouvent quelque changement, l'Officier qui l'aura fait, sera relevé sur le champ & mis en prison, pour estre ensuite cassé, sur le compte que le Commandant de la Place, & le Major, seront tenus d'en rendre à Sa Majesté: A l'égard des Sergens, Caporaux & Anspessades commandant lesdites Escoüades, qui auront changé de poste, veut Sa Majesté qu'ils soient mis au Conseil de guerre, & condamnez aux Galeres perpetuelles.

## L X V I.

LES Soldats, Cavaliers ou Dragons, qui estant en Sentinelle ou faction, se laisseront relever par d'autres que par les Sergens, Caporaux ou Anspessades, Marechaux-des-logis ou Brigadiers, seront condamnez à six ans de galeres.

## L X V I I.

SERA puni de mort celuy qui, après avoir esté posé en sentinelle ou faction, quittera son poste sans avoir esté relevé.

## L X V I I I.

TOUT Sentinelle qui sera trouvé endormi, soit de jour ou de nuit, sera mis au Conseil de guerre, & condamné

19

aux galeres, ou à estre passé par les armes, suivant les
circonstances du cas, plus ou moins aggravantes.

## L X I X.

La déposition d'un seul Officier contre un Cavalier,
Dragon ou Soldat trouvé hors de son poste, ou endormi en
faction, suffira pour le faire condamner dans un Conseil de
guerre ; mais hors ce cas, il faudra que le delit soit constaté
par deux témoins.

## L X X.

Le Commandant de la Place aura soin d'indiquer à chaque Bataillon & autre Troupe de la garnison, dans les premiers jours de leur arrivée, les lieux où ils devront se porter
en cas d'allarme, afin que les Officiers & Soldats, puissent
d'avance reconnoistre le terrain qu'ils devront occuper, & les
chemins qui y conduisent.

## L X X I.

Lors desdites allarmes, les Officiers qui seront de garde
aux portes, feront d'abord fermer les barrieres, & lever les
ponts de l'avancée, jusqu'à ce qu'ils ayent reçû ordre du
Commandant de la Place, de laisser le passage libre ; & cependant toutes les gardes en general se tiendront sous les armes.

## L X X I I.

Les Troupes qui seront en garnison dans les Villes du
dedans du Royaume, ne feront aucune garde aux portes,
s'il n'est autrement ordonné par Sa Majesté ; elles pourront
seulement avoir un Corps-de-garde sur la principale Place,
pour reprimer le desordre qui pourroit arriver entre les Soldats & habitans ; sans que le Commandant desdites Troupes,
puisse prétendre aucun commandement sur lesdits habitans,
sous quelque prétexte que ce soit.

## L X X I I I.

Une heure avant la fermeture des portes, on fera sonner
la cloche à ce destinée, pour avertir les gens de la campagne, ou autres passagers, de sortir de la Place.

## L X X I V.

Un quart-d'heure après, les Tambours des Corps-de-garde

des portes monteront fur le rempart, & battront la retraite;
pour avertir ceux qui font hors de la Place, d'y rentrer;
auffi-toft l'Officier fera fermer la barriere, ne laiffant qu'un
des guichets ouverts pour l'entrée des habitans qui viendront
de la campagne jufqu'à la fermeture des portes.

## L X X V.

DANS le même temps les Fufiliers commandez pour les
clefs, iront chez le Commandant de la Place, y attendre
l'arrivée du Capitaine des portes, ou du Portier qui doit les
y venir prendre; ils les efcorteront jufqu'aux portes, & lorfqu'elles y arriveront, la garde fera fous les armes, & les Officiers à leurs poftes : On fermera d'abord les barrieres de
l'avancée; on levera enfuite fucceffivement les ponts, & on
fermera les portes des ouvrages fituez entre cette avancée &
la porte de la Place, en commençant par les plus éloignez:
la garde de jour fe repliera d'ouvrages en ouvrages, à mefure
que les portes en feront fermées, n'y laiffant que les détachemens commandez pour la garde de la nuit, & rentrera
dans la Place, dont les ponts feront levez & les portes fermées les dernieres. Pendant cette operation les gardes refteront fous les armes, & lorfqu'elle fera finie, le Capitaine des
portes fera efcorté par des Fufiliers jufqu'à la maifon du
Commandant, où les clefs feront dépofées.

## L X X V I.

LE Major ou l'Ayde - Major de la Place, fera toûjours
prefent, autant qu'il fera poffible, tant à l'ouverture qu'à la
fermeture des portes, pour faire executer regulierement l'ordre dans lequel elles doivent eftre faites ; & à leur deffaut
l'Officier Commandant la garde de la porte, fera obligé d'y
tenir la main.

## L X X V I I.

DÉS que la cloche fonnera pour la fermeture des portes,
la garde de Cavalerie montera à cheval, & fe rendra fur la
Place, où elle reftera jufqu'à ce que les portes foient fermées;
elle retournera enfuite, ainfi qu'il eft cy-deffus prefcrit, au

Corps-de-garde

Corps-de-garde ou aux Cazernes, où les Officiers & Cavaliers de garde feront obligez de paffer la nuit.

## LXXVIII.

LA retraite generale de la garnifon, fera battuë par tous les Tambours, à huit heures pendant les mois de Septembre & Octobre ; à fept heures pendant ceux de Novembre, Decembre, Janvier & Fevrier ; à huit heures pendant les mois de Mars & Avril ; & à neuf heures pendant May, Juin, Juillet & Aouft ; une heure après la retraite des Bourgeois fera fonnée par la cloche du beffroy, ou autre à ce deftinée.

## LXXIX.

LORSQU'IL y aura des Regimens de differentes nations dans une même Place, les Tambours des Regimens François marcheront tous enfemble les premiers ; quarante pas derriere, ceux de la nation eftrangere dont le Regiment fera le plus ancien, & les autres de fuite.

## LXXX.

S'IL y a des Dragons, leurs Tambours marcheront quarante pas derriere tous ceux de l'Infanterie eftrangere.

## LXXXI.

POURRONT cependant les Commandans des grandes Places, affecter aux differens Corps de Tambours, des quartiers particuliers pour y battre la retraite ; ils partiront tous également de la Place d'armes, & s'y fepareront pour aller droit aux quartiers défignez, où ils cefferont de battre lorfqu'ils feront arrivez à l'endroit qui leur aura efté prefcrit.

## LXXXII.

LES Patroüilles qui fe feront la nuit, tant par la Cavalerie & les Dragons, que par l'Infanterie, conduiront en prifon tous les Gendarmes, Cavaliers, Dragons & Soldats, qu'elles trouveront dans les ruës ou dans les cabarets après la retraite battuë ; elles arrefteront auffi les Officiers qui pourroient avoir quelque débat ou querelle, & les conduiront chez le Major, qui les fera mettre en lieu de fûreté jufqu'à ce que le Commandant de la Place en ait ordonné. A l'égard des Bourgeois ou autres qu'elles trouveront faifant du defordre,

F

elles les conduiront au Corps-de-garde, où ils resteront jusqu'au lendemain matin, qu'il en sera donné avis au Commandant, lequel les remettra au pouvoir des Juges ordinaires, à moins que le desordre ou le délit n'interessât la sûreté de la Place, l'authorité du Commandement ou le service de Sa Majesté ; auquel cas il luy en sera donné avis, pour y pourvoir ainsi qu'Elle jugera convenable , & cependant lesdits Bourgeois ou habitans resteront en prison de l'ordre du Commandant.

## LXXXIII.

UNE heure après la retraite battuë, les Sergens & Mareschaux-des-logis, iront dans leurs quartiers faire l'appel des Soldats, Cavaliers & Dragons de leurs Compagnies ; & s'ils sont logez chez les Bourgeois, ils iront chez leurs hostes, & dresseront un estat de ceux qui ne s'y trouveront pas ; ils le donneront au Major de leur Regiment, pour estre remis sur le champ au Major de la Place ; afin que sur le compte qu'il en rendra au Commandant de la Place, ils soient mis au cachot pour quinze jours.

## LXXXIV.

APRÉS la retraite des Bourgeois sonnée, ils seront tenus de porter ou faire porter devant eux un flambeau , lanterne ou mêche allumée ; sous peine à ceux qui seront trouvez sans feu dans les ruës, d'estre conduits au Corps-de-garde, pour y rester jusqu'à ce que le Commandant de la Place donne ordre de les en laisser sortir.

## LXXXV.

DEFFEND Sa Majesté à tous Chefs & Officiers de ses Troupes, & aux Officiers Majors de ses Places, à peine d'interdiction, de frapper un sentinelle ou vedette estant en faction ; Voulant Sa Majesté, que lorsqu'un sentinelle ou vedette aura commis quelque faute qui meritera punition, ils ayent à le faire relever, pour le faire châtier suivant l'exigence du cas.

## LXXXVI.

S'IL arrivoit qu'un Bourgeois ou habitant vint à frapper ou insulter un sentinelle ou vedette , le Commandant de la

Place le fera mettre en prifon, & en informera Sa Majefté,
pour le faire punir fuivant l'exigence du cas.

## L X X X V I I.

LES Officiers commandant la garde des portes, auront
attention de faire fermer les barrieres, lorfque la fentinelle
de l'avancée découvrira quelque Troupe; & ils ne luy per-
mettront d'entrer, quand même ce ne feroit qu'une recruë
fans armes, qu'après en avoir reçû l'ordre du Gouverneur ou
Commandant; & pendant que la Troupe entrera, la Garde
prendra les armes, & le Tambour battra la marche jufqu'à
ce qu'elle foit paffée.

## L X X X V I I I.

POUR éviter tous embarras à l'entrée & à la fortie des
portes, lorfqu'il fe prefentera des voitures au dehors pour
entrer dans la Place, la fentinelle de l'avancée les arreftera,
& criera (Arrefte); ce qui fera repeté de fentinelle en fentinelle,
jufqu'à celle de la porte de la Place; fi cette derniere fentinelle n'a laiffé fortir aucune voiture de la Place, elle criera
(Marche), ce qui fera repeté de fentinelle en fentinelle jufqu'à
celle de l'avancée, laquelle fera défiler les voitures de diftance
en diftance, de maniere que tous les ponts ne foient point
embarraffez en même temps, & que l'on en puiffe toûjours
lever quelqu'un. Si pendant que les voitures de dehors entre-
ront dans la Place, il s'en prefentoit d'autres pour en fortir,
la Sentinelle du Corps-de-garde de la porte, les fera refter &
ranger de maniere qu'elles n'embarraffent point le paffage;
& lorfque toutes les voitures arrivant feront entrées, elle
criera (Arrête); & dès que la parole fera arrivée à la Sentinelle avancée, & qu'elle aura repondu (Marche), les voitures
qui fe prefenteront pour fortir de la Place, fe mettront en
marche avec les mêmes précautions.

## L X X X I X.

LES voitures & charriots chargez, qui fe prefenteront
pour entrer dans la Place, feront vifitez par le Configne
de la porte, avec un Caporal & cinq ou fix Fufiliers, afin

d'examiner s'il n'y a rien qui tende à furprife, comme Soldats, armes, poudre, & autres munitions de guerre.

## X C.

QUAND il arrivera des Eftrangers, le Configne aux portes, après les avoir interrogez pour fçavoir d'où ils viennent, où ils vont, & l'endroit où ils iront loger, les fera conduire à l'Officier commandant la garde, lequel après les avoir pareillement interrogez, les envoyera au Commandant, accompagnez d'un ou deux Fufiliers, qui ne les quitteront qu'après en avoir reçû l'ordre dudit Commandant ou d'un Officier Major : Après la fermeture des portes, les Confignes porteront au Major le nom defdits Eftrangers, & celuy des Bourgeois ou Cabaretiers chez lefquels ils auront declaré devoir loger : Veut Sa Majefté que tous Cabaretiers, Bourgeois, & autres habitans de fes Places, de quelque qualité & condition qu'ils foient, foient tenus de remettre pareillement chaque jour au Major, un eftat des Eftrangers qui feront logez chez eux, de l'heure de leur arrivée, & du jour qu'ils devront partir ; & faute par eux d'y fatisfaire, il en fera donné avis à Sa Majefté, pour eftre par Elle impofé aux contrevenans, telle punition qu'Elle jugera convenable.

## X C I.

LE matin à la pointe du jour, & à l'heure que les Majors auront marquée à l'ordre, tous les Tambours des Corps-de-garde monteront fur le rempart, & battront la diane durant un quart d'heure ; en même temps toutes les gardes prendront les armes, & fe mettront en haye repofées fur leurs armes ; l'on fera monter quelques Sergens & Caporaux fur le rempart, pour écouter & découvrir s'il ne fe paffe rien dans la campagne ; & lorfque le Major ou l'Ayde-Major arrivera avec le Capitaine des portes, accompagné des Fufiliers commandez pour efcorter les clefs, l'Officier commandant la garde de la porte, la fera ouvrir, & baiffer le pont-levis, qu'il fera relever auffi-toft que le Capitaine des portes

fera

fera paffé dans l'ouvrage avancé, dont la porte fera pareillement ouverte & le pont abbaiffé, la garde de l'avancée fera fous les armes, & il en fera détaché une partie pour aller à l'ouverture de la barriere; après quoy le pont de l'avancée reftera levé jufqu'à ce que le Major, l'Ayde-Major, ou l'Officier qui devra accompagner le Capitaine des portes, ayent reconnu ceux qui fe prefenteront à la barriere pour entrer, & fait fonder les charrettes & charriots qui s'y trouveront, pour éviter les furprifes.

### X C I I.

LORSQU'IL n'y aura point de garde de nuit dans les ouvrages avancez, l'Officier commandant la garde de la porte, commandera un détachement pour accompagner le Capitaine des portes, ainfi qu'il eft cy-deffus prefcrit pour la garde de l'avancée.

### X C I I I.

S'IL y a de la Cavalerie ou des Dragons dans la Place, & que le Commandant juge neceffaire d'envoyer battre l'eftrade aux environs, ceux qui feront commandez pour cet effet, fortiront de la place à l'ouverture des portes, & la barriere reftera fermée, jufqu'à ce qu'ils ayent achevé leur découverte, & rapporté qu'il n'y a rien à craindre.

### X C I V.

ALORS la barriere & les portes, tant de l'avancée que de la Place, refteront ouvertes, & les ponts baiffez, les gardes reftant en haye & fous les armes, jufqu'à ce que les hommes & les voitures qui attendoient à la barriere, foient entrez dans la Place.

### X C V.

LORSQU'ON battra la diane, la garde de Cavalerie fe rendra fur la Place, où elle reftera jufqu'à ce que l'ouverture des portes foit faite.

### X C V I.

A l'égard des Compagnies d'ordonnance de Gendarmerie, lorfqu'elles fe trouveront dans des Places de guerre, elles y feront la garde à cheval comme la Cavalerie legere,

G

fourniront des détachemens pour les escortes, pour aller à la guerre, pour faire la découverte, & pour les patrouilles; & même, lorsque le bien du service & la sûreté des Places l'exigeront, elles feront la garde à pied, conformément à ce qui est reglé cy-dessus pour la Cavalerie legere: le tout avec cette difference, que dans le service à cheval, les troupes de Gendarmes feront toûjours separées, & n'escadronneront pas meslées avec la Cavalerie legere; & que pour les gardes à pied, il leur sera donné des postes fixes, où leurs escouades ne feront pas meslées avec celles des autres troupes : sans que pour cela, les Gendarmes dont lesdites Compagnies sont composées, puissent sous aucun pretexte, se dispenser de reconnoistre les Officiers, soit d'Infanterie, Cavalerie legere ou Dragons, des autres troupes de la garnison, & de leur obéir, & entendre en tout ce qui leur sera ordonné pour le service de Sa Majesté.

## X C V I I.

TOUTES les gardes, soit pour l'interieur de la Place, ou pour les postes de dehors, & les détachemens pour aller à la guerre ou faire des escortes, se feront à tour de rolle, par les premiers qui se trouveront à marcher, sans aucune distinction de garde : Pourront cependant, en temps de guerre, les Gouverneurs ou Commandans, choisir pour commander les détachemens, les Officiers qu'ils en jugeront les plus capables, pourvû que par leur grade ils soient en droit de commander les autres Officiers desdits détachemens.

## X C V I I I.

IMMEDIATEMENT après la fermeture des portes, les Majors ou Ayde-Majors des Regimens d'Infanterie, & un Sergent par Compagnie desdits Regimens, se rendront sur la place d'armes, & y formeront un cercle qui commencera par le Sergent de la premiere Compagnie du plus ancien Regiment, & sera fermé par le Sergent de la derniere Compagnie du Regiment le moins ancien; à moins que le plus ancien Regiment ne fût estranger; auquel cas les Sergens du

plus ancien des Regimens François, auront le pas sur ceux
dudit Regiment estranger, lesquels n'auront que le deuxieme
rang dans le cercle.

## X C I X.

Le Major de la Place entrera dans le cercle avec les Majors des Regimens d'Infanterie, ausquels il donnera le mot,
nommera les Officiers qui doivent estre de garde ou de
ronde, & expliquera l'ordre pour les détachemens, la garde,
les rondes & autres détails relatifs au service de la Place; ensuite, il donnera le mot au premier Sergent du cercle, qui
le donnera au second; le second le donnera au troisieme,
& ainsi de suite; lesdits Sergens se tenant chapeau bas, jusqu'à ce que le dernier Sergent du cercle ait rendu le mot
au Major.

## C.

Les Sergens des Regimens des Gardes Françoises &
Suisses, prendront pareillement tous les jours l'ordre & le
mot du Major de la Place où elles se trouveront en garnison, ainsi que les autres Sergens; ils pourront cependant
par distinction, faire un cercle à part, pour prendre le mot
separément des autres.

## C I.

Lorsque le Regiment des Gardes Suisses, ou des Compagnies d'iceluy, se trouveront dans une Place avec d'autres
Troupes, sans qu'il y ait de Compagnies des Gardes Françoises, le plus ancien Corps prendra la droite, & les Sergens
de ce Corps feront avec ceux desdites Compagnies Suisses,
un cercle à part, pour prendre l'ordre du Major de la Place
separément des Sergens des autres Compagnies de la garnison.

## C I I.

Le Major de la Place, après avoir donné le mot au cercle
de l'Infanterie, le distribuera à l'Ayde-Major de la Gendarmerie, & aux Majors des Regimens de Cavalerie & de Dragons, indistinctement & à mesure qu'ils se presenteront pour
le recevoir : A l'égard de l'ordre & du détail du service, il

commencera par l'expliquer à l'Ayde-Major de la Gendarmerie, & succeſſivement aux Majors des Regimens de Cavalerie & de Dragons, ſuivant leur rang. Veut Sa Majeſté, que l'ordre ne puiſſe eſtre donné ailleurs que ſur ladite Place d'armes, ſinon dans les cas où il s'agiroit de porter aux Troupes quelque commandement extraordinaire.

## C I I I.

IMMEDIATEMENT après que l'ordre & le mot auront eſté diſtribuez auſdits Majors, le plus ancien Major des Regimens de Cavalerie, & le plus ancien des Regimens de Dragons, formeront chacun à part, un cercle de tous les Mareſchaux-des-logis, leur expliqueront l'ordre, & donneront le mot tout bas à l'oreille, en commençant par le Mareſchal-des-logis de la Compagnie Meſtre de Camp du plus ancien Regiment, & finiſſant par celuy de la derniere Compagnie du Regiment moins ancien, lequel le rendra au Major : l'Ayde-Major de la Gendarmerie, donnera de même l'ordre & le mot au cercle des Mareſchaux-des-logis des Compagnies d'ordonnance.

## C I V.

POURRONT néantmoins les Majors des Places, donner l'ordre & le mot, quand ils le jugeront à propos, aux cercles des Mareſchaux-des-logis de la Cavalerie & des Dragons, mais ils ne le donneront point au cercle de la Gendarmerie ; Voulant Sa Majeſté qu'ils ne le reçoivent que de l'Ayde-Major, du Sous-Ayde-Major de ce Corps, ou de l'Officier qui en leur abſence en remplira les fonctions.

## C V.

LE mot dans les Citadelles, Chaſteaux, Forts & réduits, devant eſtre le même que dans les Villes auſquelles ils ſont attachez ; celuy qui y commandera enverra tous les jours prendre le mot du Gouverneur de la Ville, & en l'abſence dudit Gouverneur, de celuy, quel qu'il ſoit, qui ſe trouvera commander dans ladite Ville, quand même il ſeroit de grade très inferieur à celuy qui commandera dans leſdites Citadelles, Chaſteaux, Forts ou réduits.

## C V I.

29

### C V I.

N'ENTEND néantmoins Sa Majesté, que ceux qui commanderont dans les Villes, puissent pretendre aucun commandement ni autorité dans lesdites Citadelles & Chasteaux, s'ils n'en sont en même temps Gouverneurs; ni pareillement ceux qui commanderont dans lesdites Citadelles & Chasteaux, sur ceux qui commanderont dans les Villes.

### C V I I.

IMMEDIATEMENT après la fermeture des portes, l'Officier commandant en chaque poste, enverra un Sergent ou Caporal de sa garde, sur la Place d'armes, pour prendre l'ordre & le mot, & les luy rapporter.

### C V I I I.

LORSQUE les Gouverneurs, Lieutenans de Roy ou Commandans, feront leur ronde, l'Officier principal qui commandera en chaque Corps-de-garde, sera tenu de les aller recevoir l'esponton à la main, & de leur porter le mot en personne près la Sentinelle avancée, après les avoir fait reconnoiftre, sans qu'il puisse l'envoyer par un Sergent ni Officier subalterne, & sans que lesdits Gouverneurs, Lieutenans de Roy ou Commandans, soient obligez de descendre de cheval : il en sera usé de la même maniere à l'égard des Majors ou Ayde-Majors, lorsqu'ils feront leur premiere ronde appellée ronde Major, laquelle Sa Majesté veut estre faite tous les jours par lesdits Majors ou Ayde-Majors, suivant les arrangemens qu'ils auront pris entre eux.

### C I X.

DEPUIS que l'on aura fermé les portes, jusqu'à ce qu'on les ouvre, il y aura toûjours, s'il se peut, des Officiers sur les remparts; Veut pour cet effet Sa Majesté, que ceux qui auront esté nommez à l'ordre pour estre de ronde, aussi-tost l'ordre donné, se trouvent au lieu destiné pour tirer les gardes, afin d'y tirer leurs rondes; leur deffendant de les changer entre eux, ni de manquer à les faire, à peine d'estre mis aux arrests pour quinze jours, & de privation de leurs appointemens pendant ledit temps.

H

## C X.

LE Major de la Place écrira fur un Regiftre les noms & grades des Officiers aufquels les rondes des differentes heures feront échûës, & il leur fera delivré à chacun autant de pieces de plomb ou de cuivre, où l'heure de la ronde fera empreinte, qu'il y aura de Corps-de-garde fur le chemin defdites rondes : ceux qui feront lefdites rondes, s'arrefteront à tous lefdits Corps-de-garde, pour donner le mot ; ils y laifferont au Caporal une defdites pieces de cuivre ou de plomb, & y écriront fur le Regiftre leurs noms & l'heure à laquelle ils auront paffé : le lendemain à neuf heures les Caporaux rapporteront lefdites pieces au Major, avec le Regiftre, afin qu'il vérifie fi les rondes auront efté faites exactement & dans l'ordre prefcrit, pour fur cette vé-rification, & fur le compte qui en fera par luy rendu au Commandant de la Place, les Officiers qui n'auront pas fait leur ronde, ou qui auront interverti l'ordre dans lequel ils auroient dû la faire, eftre mis en prifon jufqu'à nouvel ordre de Sa Majefté.

## C X I.

LES Officiers fubalternes des Regimens des Gardes Françoifes & Suiffes, feront la ronde dans les Villes & Places où ils fe trouveront en garnifon, ainfi que les autres Officiers d'Infanterie.

## C X I I.

LORSQUE les rondes fe rencontreront fur le rempart, la premiere qui découvrira l'autre, criera ronde, en difant fi c'eft de Capitaine ou de Lieutenant, & de quel Regiment ; l'autre répondra de même, & lors qu'elles fe joindront, l'Of-ficier de caractere inferieur donnera le mot ; & fi le caractere eft égal, l'Officier du plus ancien Regiment le recevra.

## C X I I I.

DANS les grandes Villes, les Officiers pourront faire leur ronde à cheval, mais ils feront obligez de mettre pied à terre à tous les Corps-de-garde où ils devront donner le mot, laiffer la piece de ronde, & y écrire fur le regiftre : Pourront cependant les Commandans defdites Villes, lorfqu'ils le jugeront à propos, couper les rondes en deux; de forte qu'un même Officier ne faffe que la moitié du circuit de la Ville.

### C X I V.

OUTRE lefdites rondes d'Officiers, il s'en fera d'heure en heure, & même plus fouvent, fuivant la force de la garnifon, par des Sergens ou Caporaux, avec des Soldats de chaque Corps-de-garde, fi le Commandant de la Place le juge neceffaire.

### C X V.

TOUTES les rondes, foit d'Officiers, Sergens ou autres, feront obligées, à peine de prifon, de porter un falot.

### C X V I.

LES Directeurs & Infpecteurs generaux des Troupes, faifant leurs rondes, recevront les mêmes honneurs que les Commandans des Places; & les Majors leur feront porter le mot par un Ayde-Major.

### C X V I I.

APRÉS le mot donné fur la Place, le Major ira le rendre au Gouverneur ou Commandant de qui il l'aura reçû; il le portera une fois le mois en perfonne, au Lieutenant de Roy, lorfque le Gouverneur ou autre Commandant fuperieur fe trouvera dans la Place, & les autres jours il le luy enverra par un Ayde-Major; bien entendu que lorfque le Lieutenant de Roy fe trouvera commandant, le Major ne pourra fe difpenfer d'aller luy porter le mot tous les jours.

### C X V I I I.

IL enverra l'ordre aux Commiffaires des guerres, à l'Ingenieur & au Commiffaire d'Artillerie, par des Sergens de la garnifon, qui le porteront chacun à leur tour.

### C X I X.

LES Majors, Sergens & Marefchaux-des logis des Troupes qui feront logées dans les Places de guerre pendant leur route, feront obligez de fe trouver à l'ordre, de même que s'ils eftoient en garnifon; le Gouverneur leur indiquera

l'heure du départ, & leurs Tambours battront la retraite
avec les autres.

## C X X.

S'IL arrivoit des difficultez ou differens entre les Officiers-Majors des Places, & ceux des Troupes y eſtant en
garniſon, ſoit Gendarmerie, Cavalerie, Dragons ou Infanterie, qui n'ayent pas eſté décidées par Sa Majeſté, elles ſeront
reglées par proviſion par le Gouverneur, & en ſon abſence
par le Lieutenant de Roy ou le Major qui ſe trouvera commandant : Veut Sa Majeſté, qu'ils l'informent inceſſamment
de ce qu'ils auront decidé, & que tous Officiers de ſes Troupes ſoient tenus de s'y conformer juſqu'à nouvel ordre d'Elle,
à peine de deſobéïſſance. Veut au ſurplus Sa Majeſté, que
les articles contenus dans la preſente Ordonnance, ſoient
executez nonobſtant toutes diſpoſitions portées au contraire
dans les Ordonnances precedentes, auſquelles Sa Majeſté a
dérogé & déroge à cet égard ſeulement.

MANDE & ordonne Sa Majeſté, aux Gouverneurs & ſes
Lieutenans generaux en ſes Provinces & armées, Intendans
ou Commiſſaires départis en icelles, Gouverneurs & Commandans dans ſes Villes & Places, Directeurs & Inſpecteurs
generaux de ſes Troupes, Colonels, Meſtres de Camp d'Infanterie, Cavalerie & Dragons, Commiſſaires ordinaires de
ſes guerres, & tous autres ſes Officiers & ſujets qu'il appartiendra, de ſe conformer à ce qui eſt preſcrit par la preſente Ordonnance, de tenir la main à ſon execution, & de
la faire publier & afficher par tout où beſoin ſera, à ce qu'aucun n'en ignore. FAIT à Compiegne, le premier Aouſt mil
ſept cens trente-trois. *Signé* LOUIS. *Et plus bas,* BAÜYN.

9 782329 616773